Había un bebé...

Escrito e ilustrado por Laura Camerona, CCLS
Traducción al español por Martha Elena Romero

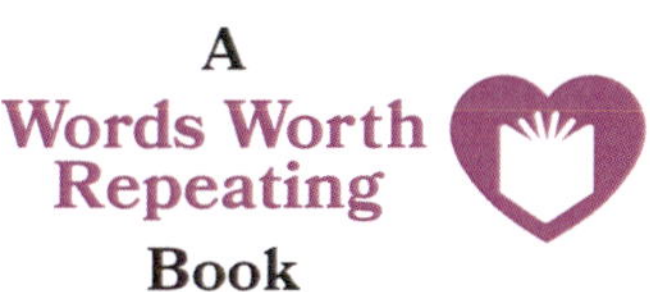

www.wordsworthrepeating.com

Consejos para leer este libro y para tener otras conversaciones importantes con un niño:

- Seguir la pauta que marque el niño. Si no está de humor para leer el libro, guárdelo para otro momento.

- Detenerse y responder preguntas. Si a mitad del libro, su niño quiere hablar sobre una parte del libro o tiene una pregunta, deje el libro a un lado y concéntrese en eso.

- La primera vez que lea este libro con su niño, trate de evitar hacerlo justo antes de la hora de ir a dormir. A menudo, la hora de acostarse no es el mejor momento para leer libros sobre temas en los que los niños pueden tener preguntas, ya que ello podría causar problemas para dormir.

- Pida a su niño que elija a una persona o personas con las que pueda hablar cuando tenga preguntas o quiera hablar sobre sus sentimientos. Se puede elegir a los padres; sin embargo, en ocasiones los niños quieren proteger a su familia de la tristeza y prefieren elegir a un buen amigo o familiar que esté menos afectado.

- No espere que su niño externe ninguna reacción específica. Está bien si no manifiesta las emociones que usted estaba esperando de él.

- Estamos aquí para usted. Si su niño hace preguntas o reacciona de una manera con la que no se siente cómodo, comuníquese con nosotros a través de www.wordsworthrepeating.com o contacte a un profesional de salud mental de su localidad.

Dedicado a mi dulce bebé, quien impactó al
mundo sin siquiera estar afuera en él.

Había un bebé dentro de
la panza de Mamá.

Le hablaba al bebé
y le daba besos
a la panza
de Mamá.

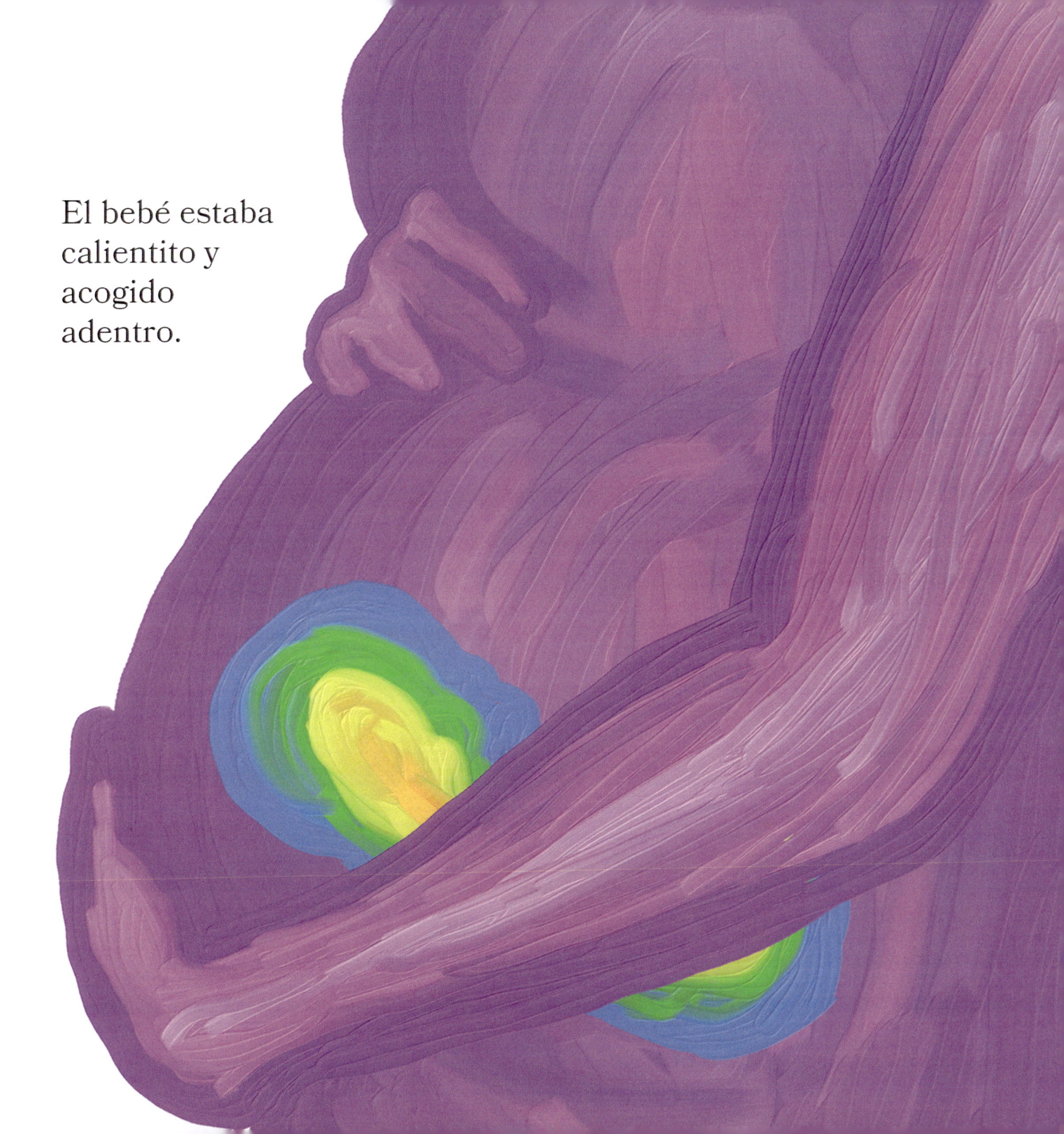

El bebé estaba
calientito y
acogido
adentro.

Muchos bebés crecen en panzas
y salen cuando están grandes y sanos.

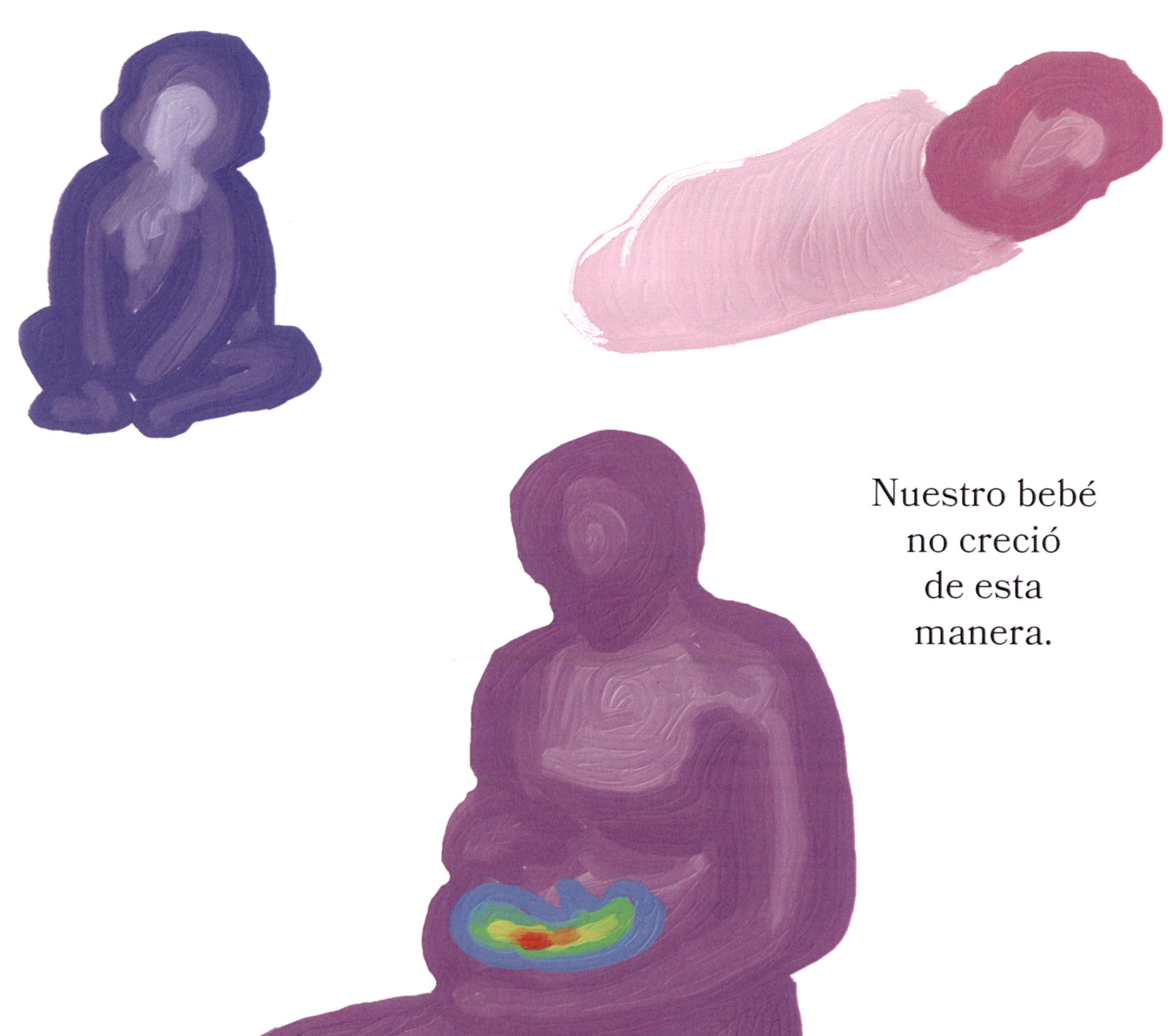

Nuestro bebé
no creció
de esta
manera.

No sabemos porqué. No es culpa de nadie.
A veces, suceden cosas tristes.

Mi familia está triste.
Desearían que nuestro bebé pudiera
estar vivo y sano y que viniera a casa
a vivir con nosotros.

Algunos días cuando mi familia se siente triste,
yo me siento triste también.
Algunos días, cuando mi familia está triste,
yo me siento feliz.
Está bien sentirse como me siento.

No somos la única familia a quien
le ha sucedido esto.
Cuando los bebés crecen dentro de las panzas,
esto sucede a veces.

Si hay un bebé en la panza de tu mamá,
te convierte en un hermano mayor o una hermana mayor.
Aunque nuestro bebé murió, eso no cambia.

Seguimos siendo
hermanos mayores y
hermanas mayores.

Nuestro bebé sigue siendo especial e importante.
Nuestro bebé le recuerda a mi familia lo fuerte
que es nuestro amor.

Nuestro
bebé
sintió
nuestro
amor.

A veces yo pienso
en nuestro bebé.
Pienso en cómo
hubiera sido si el
bebé hubiera
crecido grande
y sano.

Mi familia todavía piensa
en nuestro bebé, también.
De esa manera, nuestro bebé
estará con nosotros por siempre.
Todos tendremos recuerdos
de nuestro bebé que vivía
en la panza de Mamá.

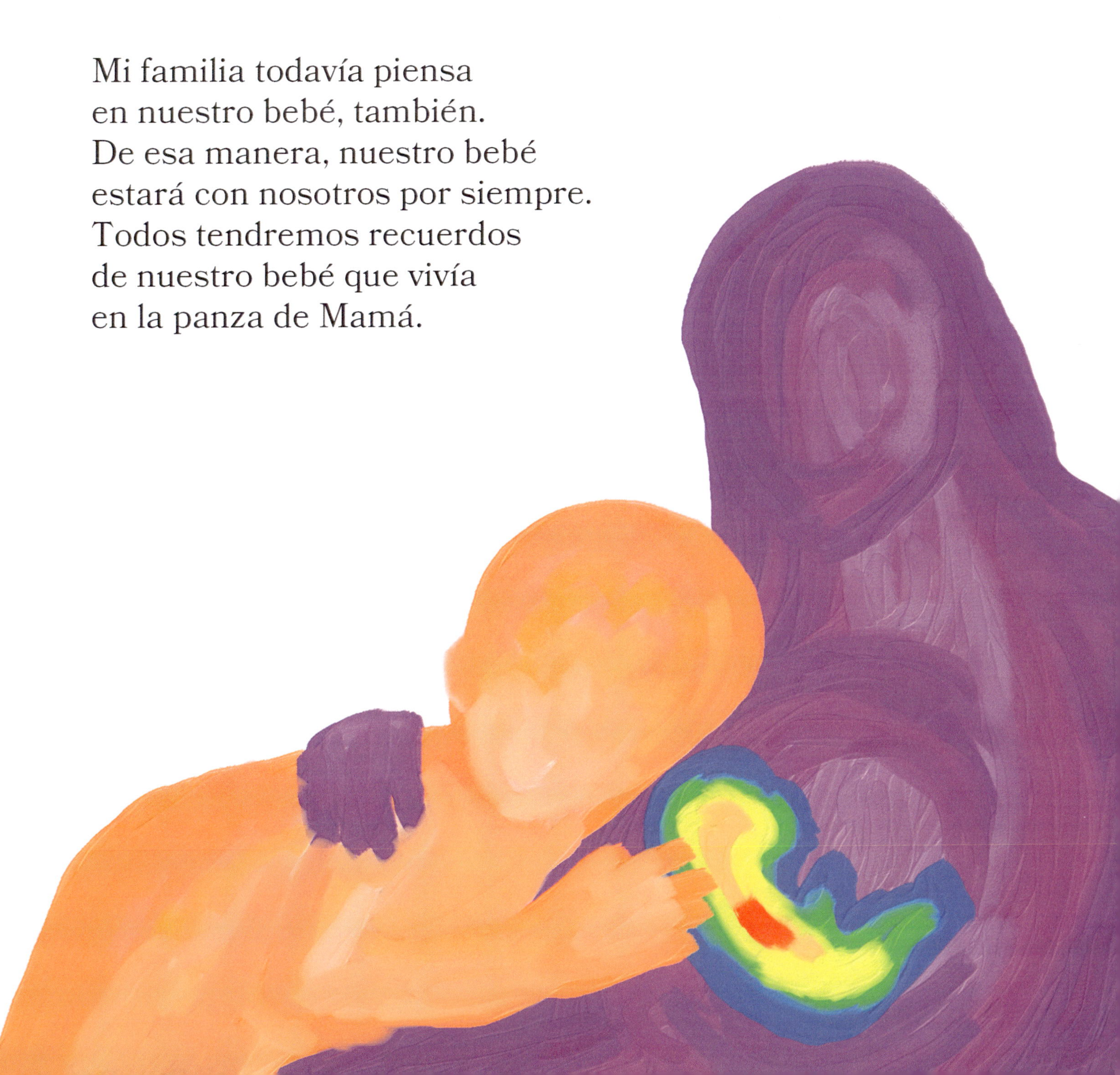

Podemos encontrar maneras de recordar a nuestro bebé. Nuestra familia puede hablar sobre nuestro bebé, podríamos hacer una obra de arte especial o podríamos encender una vela.

Nuestro bebé siempre será parte
de nuestra familia.

Proyectos especiales que las familias pueden crear juntas.

Algunas familias tienen la oportunidad de obtener las huellas de las manos o los pies de sus bebés. Incluso si solo tiene un juego de impresiones reales, puede usar un escáner o una aplicación en su teléfono para hacer más copias. Aquí hay algunos ejemplos de cosas que puedes crear con estas impresiones.

- **Árbol genealógico:** cree un árbol genealógico y use las huellas de cada persona de la familia (mano o pie) como las hojas de un árbol. Esto se puede hacer en un lienzo o digitalmente.

- **Mariposas:** pídale a su niño que cree una mariposa con las huellas de los pies y haga una con las huellas del bebé en el mismo lienzo o papel.

- **Arte con marcos:** compre o reutilice un marco con lados anchos y planos. Pida que su niño decore el marco como lo desee. Coloque las huellas del bebé en este marco.

A algunas familias les gusta crear un lugar especial, en su casa o patio, para recordar a su bebé. Los niños pueden ayudar a crear obras de arte que se muestren en esta área. Aquí hay algunos proyectos de arte que pueden crear.

- **Vela:** compre un vaso transparente en una tienda de segunda mano. Pida que su niño corte o rasgue formas con papel de seda. Si son mayores, podrían cortarlo en forma de corazones o con el nombre del bebé. Luego, pídale a su niño que los pegue al exterior del vaso con pegamento Mod Podge o una mezcla de agua y pegamento escolar (1 taza de pegamento por 1/3 de taza de agua). Pídale que cubra todo el exterior del vaso con Mod Podge o con la mezcla de pegamento y agua. Agregue joyas si lo desea. Después de que el proyecto se seque, inserte una vela en el vaso. Encuentre momentos en familia para encender la vela y pensar o hablar sobre su bebé.

- **Piedra de jardín:** compre un juego de piedras para decorar (Garden Stone) en su tienda local de artesanías. Pida que su niño ayude a decorar la piedra y, si lo desea, agréguele el nombre de su bebé. Colóquelo en su patio o jardín donde puedan visitarla.

- **Árbol/flor:** en familia, planten una flor o un árbol en memoria de su bebé.

Proyectos especiales que las familias pueden crear juntas (continuación)

A algunas familias les gusta crear algo que puedan usar o tener cerca los días en que quieren sentirse cerca de su bebé. Aquí hay algunas ideas de cosas que los niños pueden ayudar a hacer.

 **Collar/pulsera familiar:** proporcione a su niño una variedad de cuentas (la mayoría de las tiendas de manualidades tienen "paquetes mixtos") y un hilo. Pida a su niño que elija una cuenta para cada miembro de la familia. ¡La cuenta podría ser simbólica en función del color, la forma, cualquier cosa! Si no lo hacen ellos mismos, pregúnteles si les gustaría incluir una cuenta para el bebé. Si eligieron no hacerlo, está bien. Durante este proyecto pueden hablar sobre el gran equipo que su familia es y cuán fuerte es su amor.

 **Cuentas de papel:** esta actividad es mejor para niños mayores. Proporcionar papel de álbum de recortes (scrapbook). Haga que el niño elija un papel que sea especial para él. Pídale que corte un triángulo largo y delgado, aproximadamente 3/4 pulgadas de ancho y 9" de largo (8/10 cm X 23 cm). En el lado en blanco, pídales que escriban un mensaje, el nombre del bebé, ¡cualquier cosa! Comenzando por el extremo ancho, enrolle el papel con fuerza, de modo que el mensaje quede en el interior de la cuenta y el lado colorido quede afuera. Puede ser útil enrollarlo con un lápiz o una pajilla. Selle con Mod Podge o una mezcla de agua y pegamento escolar (1 taza de pegamento y 1/3 taza de agua).

A algunas familias les gusta crear algo que no verán todos los días, pero que verán de vez en cuando o en días festivos especiales para recordar a su bebé. Aquí hay algunas ideas de cosas que los niños pueden ayudar a crear.

 **Adorno navideño:** encuentre un adorno plano simple o una esfera y agréguele el nombre del bebé. Permita que su niño lo decore.

 **Libro en blanco/álbum:** use una libreta o diario en blanco. Llene las páginas con recuerdos familiares del embarazo, fotos, dibujos que haga su niño, sentimientos escritos, cualquier cosa. Saque el libro los días en que su familia quiera pasar más tiempo recordando a su bebé.

Laura Camerona,
**Especialista certificada
en vida infantil**

Luego de 15 años de trabajar en un hospital y de ayudar a niños y sus familias a atravesar por múltiples experiencias, Laura comenzó a crear libros que ayudaran a las familias a seguir su proceso de sanación después de continuar su travesía fuera del hospital.

Ahora, Laura está especialmente enfocada en ayudar a que las familias puedan tener conversaciones complicadas y a pasar por tiempos difíciles juntos. Como mamá de tres, ella promueve que los niños tengan explicaciones honestas,
amables y apropiadas para su desarrollo. Ella cree en la resiliencia familiar y que las familias desarrollan de mejor manera la forma de afrontar las situaciones cuando lo hacen juntos. Para obtener más información sobre otros recursos y servicios de Laura, consulte la siguiente página.

Words Worth Repeating crea libros que promueven el afrontamiento positivo y la sanación para niños y familias.

Las familias trabajan con un especialista en vida infantil para crear libros personalizados que les proporcionen a las familias las palabras adecuadas en situaciones difíciles.

¡Contáctenos para obtener más información!